Georg Popp

Starthilfe am Morgen

Es gibt immer zwei Möglichkeiten

W0212707

Edition Starthilfe

Verlag Friedrich Pustet Regensburg

Die Deutsche Bibliothek – CIP-Einheitsaufnahme

Popp, Georg:
Starthilfe am Morgen : Es gibt immer zwei Möglichkeiten /
Georg Popp. – Regensburg : Pustet, 1993
(Edition Starthilfe)
ISBN 3-7917-1372-8

ISBN 3-7917-1372-8
© 1993 by Verlag Friedrich Pustet, Regensburg
Umschlagfoto: Presse-Bild-Poss, Siegsdorf/Obb.
Umschlaggestaltung: Peter Loeffler, Regensburg
Gesamtherstellung: Friedrich Pustet, Regensburg
Printed in Germany 1993

Inhalt

Starthilfe am Morgen

Es gibt eine Zeit zum Ausruhen und Träumen und eine Zeit des Wirkens und Tätigseins.

Menschen, die in sich ruhen, die ausgeglichen und voller Optimismus sind, finden wir immer unter denen, die Erholungsphasen und Tagesaktivitäten klar auseinanderhalten können. Es sind Menschen, die mit beiden Beinen mitten im Leben stehen und nicht von jedem Windstoß gleich umgeworfen werden.

Es sind Frauen und Männer, die ihre Begabungen und ihre Zeit nutzen und aus ihrem Leben etwas machen.

Die Texte dieses Bändchens wollen uns kleine, aber wichtige Anstöße am Morgen geben. Die ersten fünf Minuten unseres Wach-Zustandes können unseren ganzen Tag positiv verändern.

Wie wichtig ein geregelter Tagesanfang ist, erfahren wir auf Seite 15 durch den amerikanischen Herzspezialisten und Streßforscher Professor Hans Selye.

Und wie wir durch unser »Herz festmachen« immer ruhiger und gelassener, immer sicherer und freier werden, können wir am Beispiel der Texte in den nächsten Tagen und Wochen selbst erfahren.

Wichtig ist nur, daß wir dieses Bändchen nicht einfach einmal durchlesen, sondern es auch auf unseren Nachttisch legen und gleich nach dem Aufwachen einige Seiten darin lesen und meditieren.

Dann werden auch wir schon sehr bald zu den Tatkräftigen und Optimisten am Morgen gehören, die mit dem Psalmisten sich freuen und rufen:

»Du läßt mein Lebenslicht strahlen, Herr.
Du selbst, mein Gott, machst mir das Dunkel hell.
Mit dir, meinem Gott, überspringe ich Mauern.
Ich liebe dich, Herr, denn durch dich bin ich stark.«

(Psalm 18,29f.2)

Diese Erfahrung, die ich durch derartige Texte selbst machen durfte, wünsche ich auch Ihnen von Herzen!

Georg Popp

Es gibt immer zwei Möglichkeiten

Weiter schlafen,

Zeit vergammeln,

Aufgaben versäumen,

einen tristen Tag erleben …

Oder unter die Dusche gehen,

ein Lied singen / pfeifen,

mich über das frische Wasser freuen …

Ich habe immer zwei Möglichkeiten

Ich kann mich ängstigen,

Probleme wälzen,

den Kopf zerbrechen,

unter die Bettdecke verkriechen …

Oder mich Gott zuwenden,

seinen Verheißungen trauen

und mit neuem Mut den Tag beginnen.

Gott ist da

Wir alle kennen die Geschichte vom brennenden Dornbusch (2 Mose 3), aus dem heraus Gott zu Mose spricht und ihm den Auftrag erteilt, das Volk Israel aus der Knechtschaft Ägyptens zu befreien.

Mose aber hatte Angst. Angst, wie wir sie selbst oft haben vor den Aufgaben unseres neuen Tages.
Er fühlte sich überfordert, wie wir uns manchmal überfordert fühlen.

Doch diese Stimme aus dem brennenden Dornbusch hatte etwas Vertrauen-Erweckendes an sich. So fragt Mose:

»Wer bist du denn wirklich? Welchen Namen hast du?« Und Gott antwortet ihm: *»Ich bin der ›Ich bin da‹.*
›Ich bin da‹ ist mein Name für alle Zeiten.«

Ich-bin-da. Der Name, den Gott sich selbst gegeben hat, zeugt von seinem Wesen: Er ist der, der da ist. Der überall ist. Der alles umgibt.

Der bei uns ist – auch jetzt, hier, in diesem Augenblick.

Der uns begleitet – wohin wir auch gehen, was wir auch tun: Gott ist da.

Gott will auch mir nahe sein. Es liegt an mir, ob ich mir seine Anwesenheit bewußt mache und mit ihm meinen Weg gehen will.

Gott will mir beistehen

Immer wieder hatte Mose Bedenken, ja Angst, Gottes Auftrag auszuführen. Wer war er denn?
Ein einfacher Hirte, der in die Wüste geflohen war, weil der Pharao ihm nach dem Leben getrachtet hatte. Und mit diesem Pharao sollte er jetzt reden? Er, der sogar einen Sprachfehler hatte:
»Herr, nimm es mir nicht übel, aber ich habe noch nie gut reden können. Ich bin im Reden viel zu schwerfällig und unbeholfen ...«

Wir können diese Geschichte in unseren eigenen Alltag übertragen: Könnten nicht auch wir so gesprochen haben? Auch wir wissen doch um unsere Schwächen, kennen unsere Ängste.

Gott aber spricht zu Mose: »Wer hat dem Menschen den Mund gegeben? Wer macht ihn sehend? Ich bin es, der Herr.« Und alle Einwände und Ängste des Mose vertreibt er mit seiner Verheißung:
»Genug jetzt (mit deinen Ausflüchten und Ängsten). Geh! Ich werde dir helfen und dir eingeben, was du sagen sollst« (2 Mose 4,12)

Kraftlos und voller Angst ist unser Leben immer dann, wenn wir allein alles fertig bringen wollen.

Gott bietet uns jeden Tag neu seine Hilfe an. Es liegt nur an uns, sie auch in Anspruch zu nehmen. Uns immer wieder neu an Gottes Anwesenheit und Gottes Verheißungen zu erinnern.

Ich werde dir beistehen

und dich segnen

(1 Mose 26,3)

Wohin wir auch gehen

Gott kennt uns. Er weiß, wie viele Ängste, Sorgen und Probleme wir oft haben. Deswegen will er uns ja nahe sein, uns begleiten und nicht allein lassen bei unseren täglichen Aufgaben:

»Hab keine Angst; ich stehe dir bei«
(1 Mose 26,24)

»Ich stehe dir zur Seite, um dich zu schützen und zu retten« (Jeremia 15,20)

»Ich werde dir dein Leben lang zur Seite stehen ... nie dich im Stich lassen« (Josua 1,5)

»Für euch gibt es keinen anderen Gott, und keiner kann euch helfen außer mir« (Hosea 13,4)

Alle Unruhe im Leben

beginnt

mit der Unordnung am Morgen

Die Unruhe im Leben

Fast jeder Streß und viele unserer Ängste beginnen am frühen Morgen. Das war die große Erfahrung des bekannten amerikanischen Herzspezialisten und Streßforschers Hans Selye (1907–1982): *»Alle Unruhe im Leben beginnt mit der Unordnung am Morgen.«* Wie wir unseren Morgen beginnen, so wird unser ganzer Alltag sein!

Auch mir fiel das Aufstehen immer sehr schwer, bis mir Gott eines Tages eine Hilfestellung gab: »Ob du auf 6 Uhr oder fünf Minuten vor 6, auf 7 Uhr oder fünf Minuten vor 7 den Wecker stellst, macht doch keinen Unterschied!«

Also stellte ich den Wecker immer »fünf Minuten vorher.« Und ich erlebte zwei heilsame Erfahrungen:

Zum einen stellte ich mir beim Weckerläuten vor, ich müsse ja noch gar nicht aufstehen. Ich wolle ja nur beten und Bibel lesen. Ich setzte mich also aufrecht ins Bett, sprach ein kurzes Dankgebet und las in der Bibel eine Textstelle ...

Diese ganze Zuwendung zu Gott dauerte anfangs nur wenige Minuten. Aber da folgte die zweite Erfahrung: Durch das Gebet und vor allem durch die Worte aus der Bibel bekam ich soviel Auftrieb, daß ich danach immer gleich aufstehen wollte. Ich wollte gleich ausprobieren, ob das mit den Verheißungen in der Bibel auch tatsächlich so stimme ...

Fünf Minuten, die unser Leben verändern

Diese fünf Minuten am Morgen haben mein Leben verändert.

Das Geheimnis liegt nur darin, daß wir wirklich als allererstes am Morgen – noch bevor wir irgendwelchen ängstlichen oder verführerischen Gedanken nachgeben – uns unmittelbar Gott zuwenden.

»Tue nichts . . .« – auch nicht depressiven oder anderen Versuchungen nachgeben –, *»bevor du nicht dein Herz in Gott frohgemacht hast«:*

Du mein Gott und König,

dich will ich rühmen!

Immer, ohne Ende, will ich dir danken!

Du bist denen nahe, die zu dir beten –

allen, die aufrichtig zu dir beten.

(Psalm 145,1.19)

Danke

für diesen guten Morgen!

Unser Gebet am Morgen,

unser »Frohmachen in Gott«, muß nicht lange sein. Oft genügt ein aufrichtiger, schlichter Dank:

»Danke für diesen guten Morgen. Danke für diesen neuen Tag.«

»Danke, daß du mich in der Nacht beschützt hast und mich auch heute nicht allein läßt.«

»Danke, daß heute wieder die Sonne scheint.«

»Danke für den Regen, ohne den die Felder verdorren und die Früchte nicht wachsen würden ...«

»In deinem Namen, o Gott, will ich diesen Tag beginnen. Du willst auch heute wieder bei mir sein. Danke, daß du mich nicht allein läßt.«

»Gepriesen sei dein heiliger Name, du ewiger, heiliger Gott. Du Schöpfer meines Lebens. Du Kraft in meinem Alltag ...«

Ganz einfach?

Was uns eigentlich ganz selbstverständlich in unserem Alltag erscheint, nehmen wir bei Gott nicht ernst:

Wenn wir Hunger oder Durst haben, wissen wir, wo wir etwas zu Essen oder zu Trinken finden.

Wenn wir krank sind, gehen wir zum Arzt, zur Heilpraktikerin oder zur Apotheke.

Und viele Menschen würden »meilenweit laufen«, wenn sie wüßten, daß ihnen an einem anderen Ort Hilfe oder gar Heilung geschenkt würde ...

Nur an Gott, der uns schon am frühen Morgen wie noch in der späten Nacht beistehen will, denken wir nicht.

Dabei müßten wir es nur einmal ausprobieren, unseren Tag mit Gott anzufangen.

Mit Gott: der größten Kraftquelle unseres Lebens.

Mit Gott: der größten Kraft des ganzen Universums.

Wer zu dir kommt,

den läßt du nicht im Stich

(Psalm 9,11)

Tue nichts am Morgen,

bevor du nicht dein Herz

in Gott frohgemacht hast

(Basilius der Große, 329–379)

Tue nichts am Morgen

»Tue nichts am Morgen, bevor du nicht dein Herz in Gott frohgemacht hast.« Diese Weisheit des großen Kirchenlehrers Basilius (329/31–379) kann auch unser Leben radikal verändern (radix = von der Wurzel her).

So unglaublich und ver-rückt dieser Ausspruch zuerst auch klingt:
»Tue nichts« – nicht einmal aufstehen, geschweige denn waschen, Haare kämmen oder Zähne putzen –, *»bevor du nicht dein Herz in Gott frohgemacht hast«!*

Basilius scheint selbst die Anfechtungen und Bedrängnisse beim Aufwachen gekannt zu haben. Aber er hat dabei auch erfahren, welch große Kraft von Gott auf unser Leben ausgeht, wenn wir uns sofort am Morgen, mit unseren allerersten Gedanken, Ihm zuwenden.

»Du bist mir nahe, das ist mir auch jetzt wieder bewußt.
Du stehst mir zur Seite, darum fühle ich mich sicher.
Ich weiß mich bei dir geschützt und geborgen,
darum bin ich voll Freude und Dank.
O Gott, ich will dir auch heute wieder vertrauen.
Du zeigst mir den Weg und läßt mich nicht allein.
Deine Nähe erfüllt mich mit Mut und mit Freude.«

(Frei nach Psalm 16)

Kämpfen oder Gott begegnen?

Wenn wir am Morgen »zu uns kommen«, hat sich in der Nacht unser Unterbewußtsein mit unseren geheimsten Wünschen beschäftigt. Es will verdrängte Gedanken aufarbeiten, Ängste und Enttäuschungen abreagieren.

Da ist es zunächst »ganz normal« und in keiner Weise sündhaft, wenn uns beim Aufwachen Eifersüchteleien, Neid, sexuelle oder andere verführerische Ideen umgaukeln. Wir sind nicht verantwortlich für die Gedanken, die in uns hochsteigen. Wohl aber dafür, wie wir mit ihnen umgehen. Die Sünde fängt dort an, wo wir willentlich diese Hirngespinste weiterspielen ...

Nun können wir versuchen, dagegen anzukämpfen. Aber was haben wir dabei schon erreicht? Durch das »Bekämpfen« wenden wir nur unsere ganze Aufmerksamkeit diesen ungeordneten Gedanken zu.

Viel leichter, einfacher und schöner erreichen wir eine positive Wirkung, wenn wir *unser Herz ganz bewußt Gott zuwenden,* seine Liebe und seine Hilfe für den heutigen Tag preisen und unser ganzes Denken auf den ausrichten, von dem allein alles Leben und alle Kraft ausgehen:

Gott, der seine Schöpfungsenergie und seine ganze Liebe in meinen Alltag einströmen lassen will, wenn ich mich ihm öffne und anvertraue.

Jeder, der dir vertraut,

bekommt immer wieder

neue Kraft

(Jesaja 40,31)

Jeder, der Gott vertraut

Das war die Erfahrung der Israeliten: *»Jeder, der dir vertraut, bekommt immer wieder neue Kraft.«*

Das wird auch die große Erfahrung unseres Lebens werden, wenn wir uns immer wieder neu an Gottes Gegenwart erinnern. Formulieren wir ruhig unsere eigenen Worte und wiederholen wir sie immer wieder in unserem Alltag:

»Du bist bei mir.«

»Danke, daß du mich nicht allein läßt ...«

»Danke, daß du bei dem heutigen Gespräch dabei sein wirst.«

Noch leichter geht es,

wenn wir uns ein Bibelwort zu eigen machen und dies in unseren Alltag mit hinein nehmen:

»Jeder, der dir vertraut, bekommt immer wieder neue Kraft« (Jesaja 40,31)

Wiederholen wir es bei jeder Gelegenheit. Auf dem Weg, beim Warten, während der Arbeit … Immer wieder.

Bis ein solches Wort tiefer und tiefer in unser Herz eindringt und immer mehr zur Gewißheit wird:

»Du gibst den Müden Kraft, und die Schwachen machst du stark« (Jesaja 40,29)

»Fürchte dich nicht, ich stehe dir bei« (Jesaja 41,10)

»Hab keine Angst, ich bin dein Gott. Ich mache dich stark, ich helfe dir, ich schütze dich mit meiner siegreichen Hand« (Jesaja 41,10)

»Sie werden dich nicht bezwingen, ich bin mit dir, ich mache dich stark« (Jeremias 1,18)

Sie werden dich nicht bezwingen,

ich bin mit dir,

ich mache dich stark

(Jeremias 1,18)

Unruhig ist unser Herz

»Unruhig ist unser Herz, o Gott, bis es ruht in dir.«

Wie sehr diese Aussage des großen Kirchenlehrers Augustinus über unser unruhiges Herz gilt, wissen wir aus eigener Erfahrung. Wir müssen nur an so manche Unsicherheit und Zerrissenheit in unserem Leben denken.

Dabei ist »bis es ruht in dir« nicht erst mit unserem Tod gemeint.

Schon in diesem Leben, schon heute, jetzt, kann ich »mein Herz in Gott festmachen« und sicheren Halt finden, wenn ich wirklich Gottes Verheißungen glaube und mein Leben ihm anvertraue.

»Glauben« heißt lateinisch credere.

Dieses cre-dere besteht aus zwei Worten: cor und dare. Und das heißt nichts anderes als »das Herz geben«.

Mein Herz einem anderen geben.

Mein Herz in Gottes Hand geben.

Mein Herz bei Gott »festmachen«.

Mein Herz in Gott verankern.

»Ich liebe dich, Herr,

denn durch dich bin ich stark!

Du, mein Fels, meine Burg, mein Retter,

du, mein Gott, meine sichere Zuflucht,

mein Beschützer, mein starker Helfer …

Wenn einer dich liebt, Herr,

dann erweist du ihm Liebe;

für vollen Gehorsam gibst du volle Güte …

Du läßt mein Lebenslicht strahlen, Herr.

Du selbst, mein Gott, machst mir das Dunkel hell …

Du bist mein Schutz und meine Hilfe,

du hältst mich mit deiner mächtigen Hand.«

(Psalm 18,2.4.26.29.36)

10 Trilliarden

Sonnen

Wer ist eigentlich dieser Gott?

Wer ist dieser Gott, bei dem wir unser Herz festmachen und ohne den wir am Morgen nichts, aber auch gar nichts tun sollen?

Er ist der Schöpfer des ganzen Weltalls!

Eines Weltalls, das vor ungefähr 20–25 Milliarden Jahren entstanden ist und inzwischen eine nicht mehr vorstellbare Zahl von über 10 Trilliarden Sonnen umfaßt in über 100 Milliarden Galaxien!

10 Trilliarden: 10 000 000 000 000 000 000 000

Und allein unsere Sonne verströmt *in jeder Sekunde* zwischen einer und vier Millionen Tonnen Energien!

In jeder Sekunde!
Und das seit Milliarden von Jahren!

Und auch noch in weiteren unvorstellbar vielen Jahrtausenden ...

Meine Gedanken
sind nicht zu messen
an eueren Gedanken,
und meine Möglichkeiten
nicht an eueren Möglichkeiten.
So hoch der Himmel über der Erde ist,
so weit reichen meine Gedanken
hinaus über alles,
was ihr euch ausdenkt,
und so weit übertreffen
meine Möglichkeiten alles,
was ihr für möglich haltet

(Jesaja 55,8f)

Nur eines

Dieser Gott, der von Menschen nicht »be-griffen« und von Wissenschaftlern nicht »be-rechnet« werden kann, bietet mir schwachem und sündhaften Menschen seine Hilfe an!

Tag für Tag.

Stunde für Stunde.

Ich muß *nur eines* tun:

Mich Gott zuwenden.

Gott drängt sich uns nicht auf.

Wenn wir glauben, allein alles besser, leichter, vollkommener zu können: dann sind wir eben auch – wie so oft – allein, einsam und verlassen.

Gott will mir täglich seine Lebensenergie zufließen lassen.

Aber ich muß mich ihm schon öffnen und zuwenden.

Und deswegen ist dieses »mein Herz frohmachen in Gott« am Morgen so wichtig!

Von allen Seiten

umgibst du mich,

o Herr

(Psalm 139,5)

Von allen Seiten umgibst du mich, o Herr

Was ich auch tue,
wohin ich auch gehe,
du bist bei mir.

Jetzt, hier in meiner Wohnung,
nachher auf meinem Weg,
an meinem Arbeitsplatz,
beim Mittagessen,
am Nachmittag,
am späten Abend.

Immer bist du da.

Danke,
daß du mich wirklich nicht allein läßt.

Ob ich arbeite oder mich ausruhe,
ob ich mich freue oder ärgere,
ob ich aufgeben will oder enttäuscht bin.

Du bist da.

Laß mich heute immer wieder an deine Gegenwart denken.

Erinnere mich immer wieder neu daran, daß du bei mir bist.

Vor wem oder wovor sollte ich mich noch fürchten?

(Frei nach Psalm 139)

Ich bin

mit der Kraft meines Geistes

mitten unter euch

(Haggai 2,5)

Um Gottes Anwesenheit wissen

Gott ist der, »der alles umgibt« und alles durchströmt, haben wir in dem herrlichen Psalm 139 erfahren.

Aber auch an vielen anderen Stellen der Bibel hat Gott uns direkt seine Anwesenheit verheißen:

»Ich komme und wohne mitten unter euch«
(Sacharja 2,14)

»Ich werde mitten unter den Israeliten wohnen, und als ihr Gott bei ihnen sein« (2 Mose 29,45)

»Der Herr, dein Gott, ist in deiner Mitte, er ist mächtig und hilft dir« (Zefanja 3,17)

»Ich bin mit der Kraft meines Geistes mitten unter euch« (Haggai 2,5)

»Mein ganzes Herz ist euch zugewandt« (1 Könige 9,3)

Mein ganzes Herz

ist euch zugewandt

(1 Könige 9,3)

Gott hat ein Herz

Gott hat uns »nach seinem Ebenbild« erschaffen (1 Mose 1,27). Und wenn schon wir ein gutes Herz haben, wieviel mehr dann Gott, dem wir ja unser eigenes Herz verdanken!

Den Israeliten hat er durch Salomo nach der Vollendung des Tempelbaus versprochen:
»Meine Augen sind stets auf dieses Haus gerichtet, dort ist mein ganzes Herz euch zugewandt«

(1 Könige 9,3)

Von Efraim, dessen Name stellvertretend für das Nordreich Juda steht, sagt Gott:
»So oft ich an ihn denke, mein Herz schlägt für ihn«

(Jeremia 31,20)

An anderer Stelle zeigt der Herr, wie sehr er an seinem Volk hängt – und zu diesem Volk zählen ja auch wir, die wir durch Jesus erlöst und als sein Volk angenommen sind (Epheser 2,19 und 3,6!):
»Wie könnte ich dich aufgeben, Efraim, wie dich im Stich lassen? ... das Herz dreht sich mir um, wenn ich daran denke; mich packt das Mitleid mit dir«

(Hosea 11,8)

Habe ich mir das schon einmal wirklich bewußt gemacht: Der Schöpfer des Weltalls, der allmächtige, ewige Gott, hat ein pulsierendes Herz. Ein Herz, das auch mit mir fühlt, mit mir sich freut, mit mir leidet ... Ein Herz, das auch mir zugewandt ist!

Gott will

in meiner Schwachheit

mächtig sein

Du brauchst nicht mehr als meine Gnade

Das war die große Erfahrung des Völkerapostels Paulus: *»Du brauchst nicht mehr als meine Gnade. Je schwächer du bist, desto stärker erweist sich an dir meine Macht«* (2 Korinther 12,9)

Es gehört zu den großen Geheimnissen Gottes, daß er nicht die Starken auserwählt, sondern *»das Schwache, um damit das Starke zu beschämen«* (1 Korinther 1,27)

Paulus litt sehr an seinem »Stachel im Fleisch«. Aber Gott wollte seine völlige Hingabe. Nicht Paulus, sondern Gott sollte sich mächtig zeigen.

Gerade wenn wir uns besonders elend und hilflos fühlen, dürfen wir uns an diese große Verheißung Gottes erinnern:

»Du brauchst nicht mehr als meine Gnade ...«

Ungeahnte Kräfte werden uns zufließen, wenn wir uns in unserer Hilflosigkeit Gott ganz unterstellen und im Vertrauen auf seinen Beistand uns unserer Alltagsarbeit zuwenden.

NB: Dieses Bändchen nahm seinen Anfang, als ich wieder einmal »am Boden« war und mich in meiner Schwächeperiode ganz Gott überließ ...

Ich habe

keine anderen Hände

als deine Hände,

keine anderen Füße

als deine Füße

Inschrift an einem Kreuz, von dessen Corpus
Arme und Beine bei einem Luftangriff
abgerissen worden waren

Gott braucht Menschen

Solange diese unsere Welt existiert,
wird sie im Kampf mit dem Bösen liegen.

Oft fühlen wir uns ohnmächtig,
wenn wir an Kriege unter den Völkern,
an Hungersnöte und Naturkatastrophen denken.

Doch wo Gott uns in unserem Alltag
auch hingestellt hat:

Wir sollen seine Mitarbeiter sein.

Mitarbeiter an seiner Schöpfung.
Mitarbeiter unter den Menschen.
Mitarbeiter für eine Welt des Friedens und der Versöhnung.
Mitarbeiter für eine Welt der Liebe und der Gerechtigkeit.

Gott will mich gebrauchen –
heute,
jetzt.

Gibt es etwas Schöneres – und etwas Wichtigeres –,
als Mitarbeiter des großen, ewigen, heiligen Gottes
sein zu dürfen?

Du

sollst

ein Segen

sein

(1 Mose 12,2)

Die Welt braucht auch uns

Wir leben nicht allein in dieser Welt. Und ob wir es wahrhaben wollen oder nicht:

Alles, was wir tun und denken, hat eine Ausstrahlung, eine Auswirkung auf unsere Umwelt.

Eine positive oder eine negative.

Eine Mut machende oder eine beängstigende, niederdrückende ...

Der einmalige und großartige Sinn unseres Lebens aber liegt darin, daß wir ein Segen sein sollen.

Ein Segen für unsere Familie.

Ein Segen für unsere Mitmenschen.

Ein Segen für unser Land.

Nicht im Kreisen um mich selbst, sondern erst in der Hinwendung zu meinen Mitmenschen erfahre ich mich wirklich, gewinnt mein Leben seinen großen Sinn und seinen einmaligen Wert!

Ich, der Herr,
habe dich berufen,
damit du meinen Auftrag
ausführst.
Ich stehe dir zur Seite
und rüste dich aus.
Ich mache dich
zum Friedensbringer
für mein Volk und
zu einem Licht
für die Menschen.

(Jesaja 42,6)

Der uns berufen hat

Gott will uns gebrauchen für das große Werk seiner Schöpfung. Auch mich ganz persönlich hat er für seinen Dienst an den Menschen auserwählt:

»Ich habe dich bei deinem Namen gerufen. Du gehörst mir« (Jesaja 43,1)

»Ich habe dich erwählt, du stehst in meinem Dienst« (Jesaja 41,9)

Und gleichzeitig mit seinem Ruf ergeht an uns sein Versprechen:

»Ich stehe dir zur Seite und rüste dich aus« (Jesaja 42,6)

»Ich schütze dich mit meiner siegreichen Hand« (Jesaja 41,10)

»Alle, die auf den Herrn vertrauen, bekommen immer wieder neue Kraft, es wachsen ihnen Flügel wie dem Adler. Sie gehen und werden nicht müde, sie laufen und brechen nicht zusammen« (Jesaja 40,31)

Und auch wir dürfen an jedem neuen Tag der Verheißung des Paulus vertrauen:

»Der uns berufen hat, der Herr, ist treu. Er wird uns stark machen und vor dem Bösen beschützen« (2 Thessalonicher 3,3)

Bring das Wenige, das du hast

Wie gerne möchten viele von uns Mitarbeiter Gottes sein, mitwirken am Schutz der Schöpfung, Hungersnöte oder Bürgerkriege beseitigen …

Oder Menschen zu Gott führen, zerrüttete Ehen heilen, die Kirche erneuern …

Doch wie schwach und hilflos fühlen wir uns oft gegenüber dem Elend und der Not in der Welt …

Über wie wenig Kräfte und Möglichkeiten verfügen wir, wie wenig Einflußmöglichkeiten, wie wenig Eigenmittel stehen uns zur Verfügung …

Die Jünger Jesu kannten eine ähnliche Situation.

Im 6. Kapitel des Johannesevangeliums lesen wir, wie eine nicht mehr überschaubare Menschenmenge zusammengekommen war. Und Jesus fragte seine Jünger, wo sie genügend Nahrung finden könnten, »damit alle diese Leute satt werden«.

Andreas, der Bruder des Simon Petrus, meinte: »Hier ist ein Junge, der hat fünf Gerstenbrote und zwei Fische. Aber was hilft das bei so vielen Menschen?«

Was hilft das für so viele?

Wie oft erkennen auch wir unser Unvermögen, erfahren wir schmerzhaft sehr bald unsere Grenzen.

Sehen wir uns dabei immer nüchtern und realistisch?

Sicher sind unsere Möglichkeiten begrenzt. Jedoch wirklichkeitsnah betrachtet: Wir sind weder der Mittelpunkt der Welt, der alles bewirken muß, noch ein reicher Krösus mit unerschöpflichen Mitteln.

Aber wir sind auch kein Nichts!

Gott hat uns Fähigkeiten geschenkt, durch die unser Leben anderen zum Segen werden kann.

Und diese unsere Fähigkeiten – und unsere Sehnsüchte und Wünsche – dürfen wir in einem großen Vertrauen Gott hinhalten. In einem großen Vertrauen, daß seine »Möglichkeiten viel größer sind, als wir sie uns je ausdenken können«!

Wichtig ist nur das Beispiel Jesu: Jesus resignierte nicht wegen der wenigen Brote und Fische, sondern er *nahm sie an, dankte dafür Gott* und verteilte sie ...

Für uns heißt das: unsere Fähigkeiten und Möglichkeiten annehmen und nicht an den vermeintlich wenigen verzagen. Wenn wir Gott für seine Gaben danken und uns jeden Morgen von ihm segnen lassen, dann wird er auch unser Tun in reichen Segen verwandeln.

Bring das Wenige, das du hast,
voller Dank zu Gott
und laß es von ihm segnen und wandeln

Du findest

den Weg nur,

wenn du dich

auf den Weg machst

(Maria Ward)

Drehen wir uns im Kreis?

Geraten wir auch manchmal in Versuchung, zu den Bedenken-Trägern zu gehören und unser ganzes Leben in Frage zu stellen?

Maria Ward, die Gründerin der »Englischen Fräulein«, hat uns so einfach aufgezeigt, wie wir den Sinn unseres Lebens, unser Glück und unsere Erfüllung finden können:

Nicht im Herumliegen und Abwarten auf die »einmalige Chance«, nicht im Grübeln und im Ängstigen vor Mißgeschicken, die uns unterlaufen könnten ...

Auch nicht in Zukunftsvisionen und großartigen Träumen, was wir gerne machen oder wie wir alles verbessern würden ...

Allein im Aufbrechen, im Anfangen hier und jetzt finden wir unseren Weg.

Erst, wenn wir uns auf den Weg gemacht haben, werden wir unsere Träume verwirklichen können.

Erst, wenn wir im Unterwegs-sein Fehler gemacht haben, können wir diese erkennen und korrigieren.

Erst auf dem Weg – und nicht im Ängstigen und Brüten, noch im Spekulieren und Phantasieren – finden wir den Sinn und das Ziel unseres Lebens.

Alle euere Sorgen

werft auf ihn,

denn er sorgt

für euch!

(1. Petrusbrief 5,7)

Alle euere Sorgen werft auf ihn

Dieses Wort aus dem ersten Petrusbrief gehört seit meiner Umkehr zu den Bibelworten, durch die ich immer wieder neue Befreiung erlebt habe.

Alle Sorgen – nicht nur die einen oder die anderen –, alle meine Sorgen, die mich heute wieder bedrücken oder gar ängstigen, darf ich Gott übergeben.

Und ich muß nicht erst schüchtern bei Gott anklopfen oder zuerst eine große Wallfahrt unternehmen und dann fragen, ob ich ihm vielleicht die Probleme mit meinem Nachbarn, die Ungewißheit wegen meines Arbeitsplatzes oder die Ängste um meine Kinder vortragen darf.

Alle eure Sorgen werft auf ihn. Alle meine Sorgen soll ich *»bei Gott abladen«*, wie es in einer anderen Bibelausgabe übersetzt ist.

Wer sollte denn besser für uns sorgen können als der allmächtige, ewige Gott?

Und für wen wollte Gott wohl lieber da sein, als für Menschen, die sich ganz unter seine Weisung stellen und anderen zum Segen werden wollen:

»Der Herr sorgt für die, die auf ihn hören« (Psalm 1,8)

»Der Herr sorgt täglich für die, die sich in allem nach ihm richten« (Psalm 37,18)

Denen,

die Gott lieben,

gereicht

alles zum Guten

(Römerbrief 8,28)

Ein unglaubliches Wort

Paulus hat mit diesem Wort den Römern – und auch uns selbst – eine unglaubliche Verheißung zugesagt. Und Augustinus, der größte Kirchenlehrer aller Zeiten, hat dieses Wort noch einmal überboten, als er anfügte: »– selbst die eigenen Sünden«.

Wichtig ist dabei vor allem die Bedeutung des ersten Halbsatzes: *Denen, die Gott lieben …*

Denen, die Gott vertrauen,

denen, die von Gott mehr erwarten als von sich selbst,

denen, die ihr Leben ganz auf Gott setzen,

all denen wird Gott *alles* in ihrem Leben *zum Guten gereichen* lassen.

Aus einem Unglück werden wir lernen und neue Kenntnisse beziehen, durch eine Enttäuschung werden wir vorsichtiger, realistischer und letztlich reifer werden … Bei einem Verlust wird uns aufgehen, daß wir weder Besitz noch Menschen an uns binden können. Aber daß Gott immer bleibt …

Daß Gott immer bleibt, der uns selbst in unseren Sünden begegnen und unsere Wunden heilen wird, wenn wir ihm aufrichtig vertrauen, *wenn wir ihn wirklich lieben.*

Mit meinem Gott

überspringe ich

Mauern

(Psalm 18,30)

Mit wem denn sonst?

Manche versuchen, aus eigener Kraft die Mauern ihrer Probleme und Ängste zu überspringen. Andere probieren es mit Wundermitteln, Pillen, Drogen, Alkohol ...
Viele bauen auf Menschen. Sicher ist es hilfreich und schön für uns, liebe Bekannte, tüchtige Berater oder gar treue Freunde zu haben.

Aber wie lange reicht unsere eigene Kraft? Wie oft fühlen wir uns trotz lieber Menschen einsam und allein?

Gott bietet uns in seiner großen Treue Tag für Tag seine Nähe und seinen Beistand an, damit wir unsere Mauern – die Sorgen und Beschwernisse des heutigen Tages – mit seiner Kraft überspringen können.
»Geht zum Herrn, denn er ist mächtig. Sucht seine Nähe zu aller Zeit!« ruft auch uns David zu (1 Chronik 16,11). Und er zeigt uns, wie wir die Gefahren des Alltags überwinden können:

»Du kommst mit Schwert, Spieß und Lanze – ich aber komme mit dem Beistand des allmächtigen Gottes, des Herrn der Heere Israels« (1 Samuel 17,45)

Der starke Goliat wollte sich auf seine eigene Rüstung verlassen. Der schwächlich erscheinende Hirtenjunge David aber überwand im Vertrauen auf Gott seine Ängste und besiegte im Bund mit seinem mächtigen Herrn den so sehr gefürchteten Riesen.

Der Herr leitet

und schützt alle,

die ihm vertrauen.

Keiner, der sich

auf seine eigene Kraft verläßt,

erringt den Sieg

(Lobpreis der Hanna, 1 Samuel 2,9)

Der Lobpreis der Hanna

Hanna war die Lieblingsfrau des Leviten Elkana, der jedoch nur von seiner zweiten Frau Pennina »viele Kinder« bekam. Hanna aber litt schwer unter ihrer Kinderlosigkeit und wurde deswegen auch immer wieder von Pennina gekränkt.
Ganz verzweifelt steht sie einmal im Heiligtum von Schilo und bittet unter Tränen Gott um einen Sohn: »Schenke mir einen Sohn. Ich verspreche dir, daß er dir gehören soll.«

Der Priester Eli sieht ihre Not, betet für sie und verspricht ihr, daß »der Gott Israels deine Bitte erhören wird«. Und Gott schenkt der jahrelang kinderlosen Hanna (= die Begnadete) nicht nur den Sohn Samuel (= der von Gott Erbetene), sondern noch drei weitere Söhne und zwei Töchter. Als die große Erfahrung ihres Lebens preist sie Gott in ihrem Loblied:

»Herr, du hast mich fröhlich gemacht.
Du hast mich wieder aufgerichtet und gestärkt.
Ich bin voller Freude, weil du mir geholfen hast.
Du allein bist heilig, o Herr. Außer dir gibt es keinen Gott. Keiner kann schützen wie du ...

Starken Männern zerbrichst du die Waffen;
Schwachen und Entmutigten gibst du neue Kraft ...
Du Herr, leitest und schützt alle, die dir vertrauen;
aber deine Feinde enden in Finsternis.
Keiner, der sich auf seine eigene Kraft verläßt,
erringt den Sieg.« (1 Samuel 2,1.2.4.9)

Die meisten Menschen

ahnen nicht,

was Gott aus ihnen

machen könnte,

wenn sie sich ihm

ganz zur Verfügung

stellen würden

(Ignatius von Loyola)

Gott will uns mit Segen überschütten

In der Schlacht von Pamplona wurde dem spanischen Offizier Injigo ein Bein zerschmettert. Auf dem Krankenbett trifft ihn ein Anruf Gottes, der sein Leben verwandelt.

Ohne Geld und mit einem hinkenden Fuß – allein vom Vertrauen auf Gottes Führung getragen – unternimmt er eine Pilgerreise nach Jerusalem ... Gegen großen Widerstand gründet Ignatius, wie er sich seit seiner Umkehr nennt, die »Gesellschaft Jesu«, einen der bedeutendsten Männerorden.

In der Einsiedelei von Manresa entsteht sein »Exerzitienbuch«, eine Anleitung für geistliche Besinnungstage. Seine »Unterscheidung der Geister« gehört zu den wertvollsten geistlichen Hilfen jedes Christen.

Dabei hatte Ignatius nur eines gemacht: Sich ernsthaft eingeübt im Hören auf den Willen Gottes.

Auch uns möchte Gott mit seiner Gnade und seinem Segen überreich beschenken. Wir müssen nur anfangen, besser in unser Herz hineinzuhören und dem Anruf Gottes am Morgen zu ge-horchen.

»Wenn ihr dem Herrn, eurem Gott, treu bleibt und auf seine Weisungen hört und sie befolgt, dann wird auch er treu sein und zu seinen Zusagen stehen ... Er wird euch seine Liebe und Güte erweisen und seinen Segen über euch ausschütten.« (5 Mose 7,12f)

Wer Gott

die Treue hält,

dem läßt er

alles gelingen

(Tobit 4,6)

Wer Gott die Treue hält

Das war die große Verheißung Gottes an Josua, dem Nachfolger des Mose und Führer der Israeliten ins gelobte Land:

»Halte dich mutig und unbeirrbar an das, was mein Diener Mose gesagt hat. Befolge mein Gesetz und laß nicht das geringste davon außer acht; dann wird dir alles gelingen, was du unternimmst« (Josua 1,7).

Im Hören auf Gottes Wort und in der Treue der kleinen Schritte am Morgen werden auch wir die Erfahrung eines Josua machen können, daß *»Gott bei uns ist, wohin wir auch gehen«* (1 Josua 1,9).

Es kommt nur auf unsere Treue am Morgen an: Tue nichts am Morgen, bevor du nicht dein Herz in Gott frohgemacht hast.

Mein Herz in Gott festmachen. Und von einem Wort Gottes all mein Denken und Tun begleiten lassen.

Dann wird auch mein Alltag frei von Ängsten und unnötigen Sorgen. Dann wird auch mein Leben reicher und fruchtbarer, als ich es mir je ausdenken könnte.

Dann werde auch ich die Erfahrung eines Tobit machen dürfen:

»Wer Gott die Treue hält, dem läßt er alles gelingen«

Bücher, die ermutigen:

Georg Popp
Lobpreis

Dieses Bändchen mit seinen »Gebeten aus der Bibel, die Mut und Kraft schenken«, ist eine wichtige Ergänzung für Ihre »Starthilfe am Morgen«. Das Beten der Bibeltexte eröffnet eine ganz neue Welt und vertreibt Ängste und Depressionen. Probieren Sie es!

Georg Popp
Aus Gottes Kraft leben

»Das Buch gibt auf wichtige Fragen Antwort: Wie kann ich den Willen Gottes für mein Leben erkennen? Wie erfahre ich die Führung Gottes in meinem Alltag? Wie finde ich mehr Gelassenheit und Sicherheit? Der Autor zeigt an Beispielen auf, wie wir ganz konkret Gottes Kraft und Führung in vielen Situationen des Alltags erfahren können.« (Frau im Leben)

Georg Popp
Die Macht der kleinen Schritte
Wie bewältige ich meine Ängste und Probleme?

»Schritt für Schritt zeigt Georg Popp auf, wie wir unser Leben ruhiger, gelassener und ausgeglichener gestalten können; wie wir ohne große Anstrengung mit ein wenig Mut und Hoffnung das Leben positiv verändern können.« (Neue Bücherschau)

Bücher, die einen Weg zeigen:

Georg Popp

Das Kursbuch für mein Leben

Die Bibel: Kraft und Hilfe für den Alltag

»Wir empfehlen dieses Buch, weil es mit vielen praktischen Beispielen aufzeigt, wie ein Christ mit der Bibel umgehen kann und durch sie Kraft und Hilfe erfährt. Wie lebensnah das Buch geschrieben ist, zeigen die einzelnen Abschnitte:
Die Quelle meiner Kraft – Was ist die Bibel – Was bewirkt die Bibel – Wie lese ich die Bibel – Wie verstehe ich die Bibel.« (Zeitschrift »Erneuerung«)

Georg Popp

Der uns die Angst nimmt

Leben aus der Kraft des Heiligen Geistes

»Leicht faßbar und zugleich kraftvoll ist dieses Buch ... Der zeugnishafte Charakter und die praxisbezogenen Ausführungen machen den Wert dieser Handreichung aus, die etwas von der Weisheit geistlicher Führung enthält.« (»Erneuerung«)

»Das Buch hat mein Leben bewußter gemacht und mir Befreiung geschenkt.« (Franziska H.)

Georg Popp

Der uns trägt und führt

Von Gottes Größe, Liebe und Treue

»Lebensnah und lebendig ... Der Autor zeigt auf, daß ein Leben mit Gott ein Leben voller Kraft, voller Ausgeglichenheit und frei von Ängsten ist.« (Volksblatt)

Die neuesten Bücher:

Georg Popp
Krise als Neubeginn
Wie ich schwierige Situationen bewältigen und eine neue Sicht für mein Leben gewinnen kann

»Jedem Menschen ist es selbst aufgegeben, ob er an einer Krise zerbrechen oder durch ihre Überwindung reifer und stärker wird. Für diese Bewältigung aber ist ›Krise als Neubeginn‹ ein ermutigendes Buch. Viele persönliche Beispiele machen das Buch lebendig. Mit seinen sachlich fundierten und in der Praxis leicht durchführbaren Beispielen ist es eine große Hilfe ...«
(Helena R., Konstanz)

Georg Popp
Verführung zur Liebe
Von der größten Kraft unseres Lebens

»›Verführung zur Liebe‹ beeindruckt mich sehr, denn es ist tatsächlich zum Kern unseres Lebens vorgedrungen.« (Bischof J. Reinelt, Dresden)

»Ein ganz ungewöhnliches Buch! Ausgezeichnet geschrieben ... ich werde es noch vielen Menschen schenken.« (Prof. Dr. S., Würzburg)

»Meine Frau las Ihr Buch im Krankenhaus mit viel Gewinn und besprach es sogar mit dem Pflegepersonal. Es gab erstaunliche Diskussionen und ebenso überraschende Einblicke.« (Dr. Hanns O., Bonn)

Erhältlich in allen Buchhandlungen